Impressum
Verlag: BABADADA GmbH, Nedderfeld 112 , 22529 Hamburg
Geschäftsführer / Verlagsleitung: Harald Hof
Druck: Books on Demand GmbH, In de Tarpen 42, 22848 Norderstedt

Imprint
Publisher: BABADADA GmbH, Nedderfeld 112 , 22529 Hamburg, Germany
Managing Director / Publishing direction: Harald Hof
Print: Books on Demand GmbH, In de Tarpen 42, 22848 Norderstedt, Germany

ትምህርት ቤት

sekolah

መማሪያ ክፍል
ruang kelas
ማካፈል
membagi
186/2
ሰሌዳ
papan
የትምህርት ቤት ቅጥር ግቢ
መምህር
guru
ወረቀት
kertas
መጻፍ
menulis
እስክሪብቶ
pena
መጻፊያ ጠረጴዛ
meja kerja
ማስመሪያ
penggaris
መጽሐፍ
buku
ተማሪ
murit

የጀርባ ቦርሳ

tas sekolah

የእርሳስ መያዣ

tempat pensil

እርሳስ

pensil

የእርሳስ መቅረጫ

pengasah pensil

ላጲስ

penghapus

የስዕል ደብተር

kertas gambar

ስዕል
gambar

የቀለም ብሩሽ
kuas

የቀለም ሳጥን
kotak cat

መቀስ
gunting

ማጣበቂያ
lem

መልመጃ ደብተር
buku latihan

የቤት ስራ
pekerjaan rumah

12

ቁጥር
angka

2+2

መደመር
tambhakan

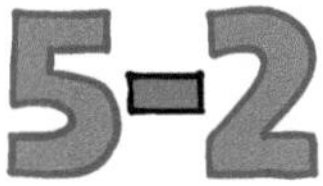

5-2

መቀነስ
mengurangi

2×2

ማባዛት
mengalikan

ቁጥሮችን ማስላት
menghitung

A

ደብዳቤ
huruf

ABCDEFG HIJKLMN OPQRSTU VWXYZ

ደላት
alfabet

ቃል
kata

ፅሑፍ

teks

ማንበብ

membaca

ጠመኔ

kapur

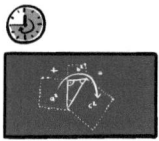

ትምህርት

pelajaran

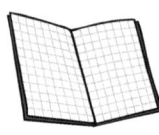

ምዝገባ

daftar

ፈተና

ujian

ሰርተፊኬት

sertifikat

የትምህርት ቤት የደንብ ልብስ

seragam sekolah

ትምህርት

pendidikan

አዉደ ጥበብ

ensiklopedi

ዩኒቨርስቲ

universitas

የምርምር አጉሊ መሳርያ

mikroskop

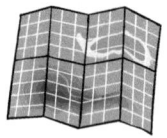

ካርታ

peta

የቆሻሻ ወረቀት መጣያ ቅርጫት

tempat sampah

ሆቴል
hotel

Grand

ማረፊያ ቤት
hostel

ROOMS

የዉጭ ገንዘብ ምንዛሪ ቢሮ
kantor pertukaran mata uang

EXCHANGE

ልብስ መያዣ
ሻንጣ
koper

መኪና
mobil

ቋንቋ

bahasa

አዎ/ አይደለም

ya / tidak

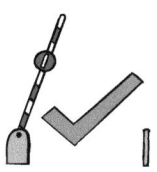

እሺ

okay

ሰላም

hallo

አስተርጓሚ

penerjemah

አመሰግናለሁ

terima kasih

ስንት ነዉ.......?

Berapa harganya...?

አልገባኝም

saya tidak mengerti

እክል

masalah

እንደምን አመሹ!

Selamat malam!

እንደምን አደሩ!

Selamat siang!

መልካም ምሽት!

Selamat tidur!

ደህና ይሰንብቱ

sampai jumpa

አቅጣጫ

arah

ሻንጣ

bagasi

ቦርሳ

tas

የጀርባ ቦርሳ

ransel

እንግዳ

tamu

ክፍል

ruang

የመተኛ ቦርሳ

kantong tidur

ድንኳን

tenda

የጎብኚዎች መረጃ

informasi wisata

የባህር ዳርቻ

pantai

ክሬዲት ካርድ

kartu kredit

ቁርስ

sarapan

ምሳ

makan siang

እራት

makan malam

ቲኬት

tiket

አሳንሰር

elevator

ማህተም

perangko

ድንበር

perbatasan

ባህሎች

cukai

ኤምባሲ

kedutaan

ቪዛ/የይለፍ ወረቀት

visa

ፓስፖርት

paspor

መጓጓዣ

transportasi

አዉሮፕላን
kapal terbang
መርከብ
perahu
የእሳት አደጋ መኪና
mobil pemadam kebakaran
truk
bis
የሞተር ጀልባ
perahu motor
መኪና
mobil
ብስክሌት
sepeda

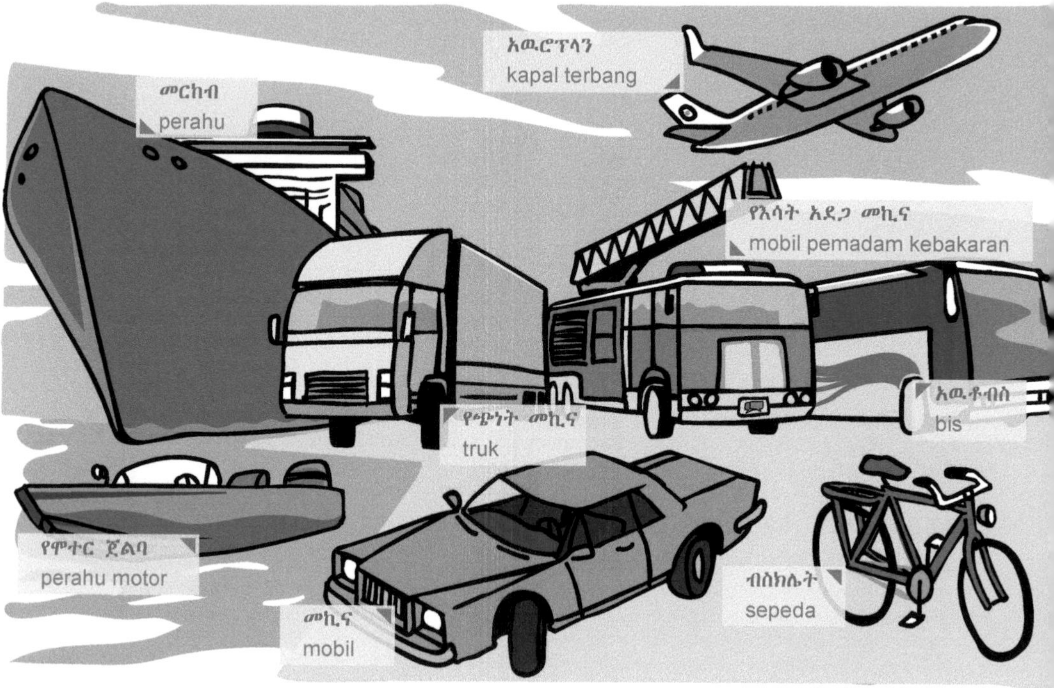

የማመላለሻ ጀልባ
feri

ጀልባ
perahu

የሞተር ብስክሌት
sepeda motor

የፖሊስ መኪና
mobil polisi

የዉድድር መኪና
mobil balapan

የኪራይ መኪና
mobil sewa

የመኪና መጋራት

berbagi mobil

ጎታች መኪና

truk derek

የቆሻሻ ጭነት መኪና

truk sampah

ሞተር

motor

ነዳጅ

bahan bakar

የቤንዚን ማደያ

bensin

የመንገድ ምልክት

tanda lalulintas

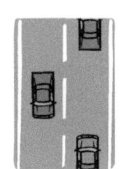

የመኪኖች እንቅስቃሴ

lalulintas

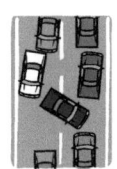

የመኪና መጨናነቅ

macet

የመኪና ማቆሚያ

parkir mobil

የባቡር ጣቢያ

stasiun kereta

የባቡር ሀዲዶች

trek

ባቡር

kereta api

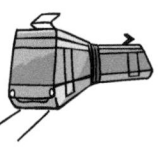

የኤሌክትሪክ ባቡር

tram

ሰረገላ

gerobak

ሄሊኮፕተር

helikopter

አየር ማረፊያ

bendara

ማማ

menara

መንገደኛ

penumpang

ማስቀመጫ፤ ማጠራቀሚያ

container

ካርቶን እቃ ማሸጊያ

karton

ጋሪ፤ ተሳቢ

troli

ቅርጫት

keranjang

መነሳት/ ማረፍ

berangkat / mendarat

ከተማ

kota

መንደር

desa

የከተማ ማዕከል

pusat kota

ቤት

rumah

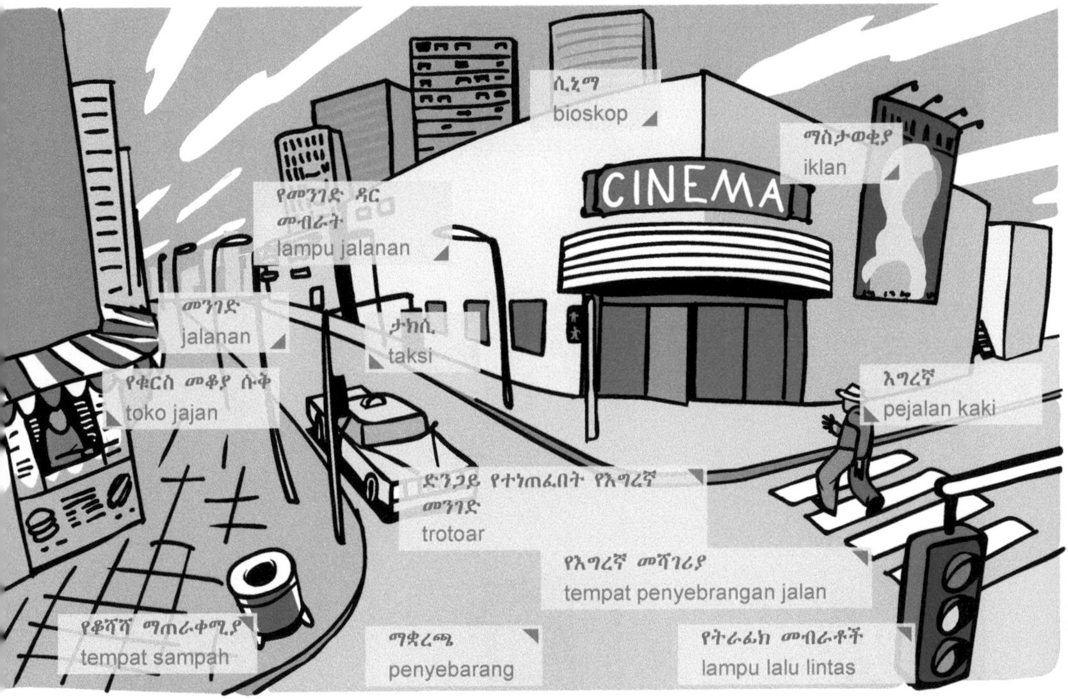

ሲኒማ
bioskop

ማስታወቂያ
iklan

የመንገድ ዳር መብራት
lampu jalanan

መንገድ
jalanan

ታክሲ
taksi

የቁርስ መቆያ ሱቅ
toko jajan

እግረኛ
pejalan kaki

ድንጋይ የተነጠፈበት የእግረኛ መንገድ
trotoar

የእግረኛ መሻገሪያ
tempat penyebrangan jalan

የቆሻሻ ማጠራቀሚያ
tempat sampah

ማቋረጫ
penyebarang

የትራፊክ መብራቶች
lampu lalu lintas

CINEMA

ጎጆ
....
gubuk

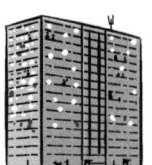

አፓርታማ
....
rumah flat

የባቡር ጣቢያ
....
stasiun kereta

የከተማ አዳራሽ
....
balai kota

ቤተ መዘክር
....
museum

ትምህርት ቤት
....
sekolah

ዩኒቨርስቲ

universitas

ባንክ

bank

ሆስፒታል

rumah sakit

ሆቴል

hotel

መድሐኒት ቤት

farmasi

ቢሮ

kantor

መፅሐፍ መሸጫ

toko buku

ሱቅ

toko

የአበባ መሸጫ

toko bunga

የሸቀጣ ሸቀጥ መደብር

supermarket

ገበያ ስፍራ

pasar

መደብር

toko serba ada

የዓሳ ነጋዴ

nelayan

የገበያ ማዕከል

pusat belanja

ወደብ

pelabuhan

መናፈሻ ቦታ

taman

አግዳሚ ወንበር

banku

ድልድይ

jembatan

ደረጃዎች

tangga

ዉስጥ ለዉስጥ

kereta bawah tanah

ዋሻ

terowongan

የአዉቶቡስ ፌርማታ

pemberhantian bis

ባር

bar

ምግብ ቤት

restauran

የፖስታ ሳጥን

kotak surat

የመንገድ ምልክት

tanda jalan

የመኪና ማቆሚያ ሒሳብ የሚያሰላ ማሽን

meteran parkir

የደር እንስሳት ማቆያ

kebun binatang

የመዋኛ ገንዳ

kolam renang

መስጊድ

mesjid

እርሻ

pertanian

የሚበክል ነገር

polusi

መቃብር ስፍራ

kuburan

ቤተ ክርስቲያን

gereja

መጫወቻ ሜዳ

tempat bermain

ቤተ መቅደስ

pura

መልከዓምድር

pemandangan

ቅጠል
daun
የመንገድ ላይ ምልክት
penunjuk arah
መንገድ
jalanan
አረንጓዴ መስክ
padang rumput
ድንጋይ
batu
በእግሩ የሚጓዝ
pejalak kaki
ዛፍ
pohon
ወንዝ
sungai
ሳር
rumput
አበባ
bunga

ሸለቆ
lembah

ኮረብታ
bukit

ሀይቅ
danau

ጫካ
hutan

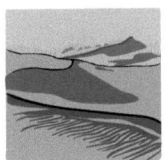

በረሃ
padang gurun

እሳተ ገሞራ
gunung berapi

ግምብ
istana

ቀስተ ዳመና
pelangi

እንጉዳይ
jamur

የቴምብር ዛፍ/ ዘንባባ
pohon palem

ቢንቢ/ የወባ ትንኝ
nyamuk

በራሪ
lalat

ጉንዳን
semut

ንብ
lebah

ሸረሪት
laba-laba

ጢንዚዛ

kumbang

እንቁራሪት

kodok

ሽኮኮ

tupai

ጃርት

landak

ጥንቸል

kelinci

ጉጉት ወፍ

burung hantu

ወፍ

burung

የዉሃ ዳክዬ

angsa

ከርከሮ

babi jantan

አጋዘን

rusa

አጋዘን

rusa

ግድብ

bendungan

በነፋስ የሚሽከረከር

turbin angin

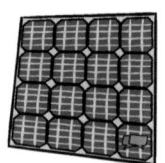

የፀሀይ ፓኔሎ

panel surya

አየር ንብረት

iklim

ምግብ ቤት

restauran

አስተናጋጅ
pelayan
ማዉጫ
daftar makanan
ወንበር
kursi
ሾርባ
sup
ፒዛ
pizza
መክተፊያ
peralatan makan
የጠረጴዛ ጨርቅ
taplak

የምግብ ፍላጎትን የሚከፍት
ምግብ
hindangan pembuka

ና ምግብ
hidangan utama

ማጣጣሚያ ተከታይ ምግብ
hidangan penutup

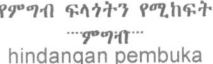

መጠጦች
minuman

ምግብ
makanan

ጠርሙስ
botol

ፈጣን ምግብ

fastfood

የመንገድ ምግብ

masakan jalanan

የሻይ ማንቆርቆሪያ

teko teh

የስኳር እቃ

kaleng gula

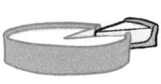

ድርሻ

porsi

የቡና ማፊያ ማሽን

mesin espresso

ባለጌ ወንበር

kursi tinggi

የክፍያ ደረሰኝ

tagihan

ትሪ

baki

ቢላዋ

pisau

ሹካ

garpu

ማንኪያ

sendok

የሻይ ማንኪያ

sendok teh

ልብስ ምግብ እንዳይነካ የሚረዳ ጨርቅ

serbet

ብርጭቆ

gelas

18

ምግብ ቤት - restauran

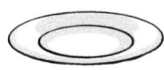

ዝርግ ሰሀን

....

piring

የሾርባ ጎድጓዳ ሰሀን

....

piring sup

የስኒ ማስቀመጫ

....

lepek

ማጣፈጫ ስጎ

....

saus

የጨዉ እቃ

....

tempat garam

የተፈጨ ቃሪያ

....

gilingan merica

ኮምጣጤ

....

cuka

የምግብ ዘይት

....

minyak

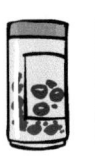

ቀመማ ቅመሞች

....

bumbu

የቲማቲም ድልህ

....

saus tomat

ሰናፍጭ

....

mustar

ማዮኒዝ

....

mayones

የሸቀጣ ሸቀጥ መደብር

supermarket

ልዩ አቅራቦት
penawaran khusus
FOR
ደምበኛ
klien
የወተት ተዋፅዖ
produk susu
ፍራፍሬ
buah
ባለ ጎማ የእጅ ጋሪ
troli

ሉካንዳ ነጋዴ

pembantai

መጋገርያ

toko roti

ክብደት መመዘን

menimbang

ቅጠላ ቅጠል አትክልት

sayur

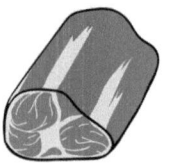

ስጋ

daging

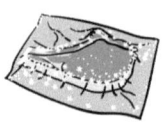

የቀዘቀዘ/የረጋ ምግብ

makanan beku

ቀዝቃዛ ቁራጭ

pemotongan dingin

የታሸገ ምግብ

makanan kaleng

የማጠቢያ ዱቄት

sabun serbuk

ጣፋጮች

permen

የቤት ዉስጥ ዉጤቶች

alat-alat rumah tangga

የፅዳት ምርቶች

obat pembersihan

የሽያጭ ባለሙያ

penjual

የገንዘብ መመዝቢያ ማሽን

kasa

የሒሳብ ሰራተኛ

kasir

የግዢ ዝርዝር

daftar belanja

ክፍት ሰዓታት

jam buka

የኪስ ቦርሳ

dompet

ክሬዲት ካርድ

kartu kredit

ቦርሳ

tas

የፕላስቲክ ቦርሳ

kantong plastik

መጠጦች
minuman

ዉሃ

air

ጭማቂ

jus

ወተት

susu

ኮካ-ኮላ

cola

ወይን

anggur

ቢራ

bir

አልኮል

alkohol

ኮካ

coklat

ሻይ

teh

ቡና

kopi

የተፈላ ቡና

espresso

ካፕቺኖ

cappucino

ምግብ
makanan

ሙዝ

pisang

ፖም

apel

ብርቱካን

jeruk

ሀብሀብ

semangka

ሎሚ

jeruk lemon

ካሮት

wortel

ጭ ሽንኩርት

bawang putih

ሽምበቆ

bambu

ቀይ ሽንኩርት

bawang bombai

እንጉዳይ

jamur

ለዉዝ

kacang

የህፃናት ምግብ

mi

ፓስታ

spagetti

ሩዝ

nasi

ሰላጣ

salat

የድንች ጥብስ

kentang goreng

ድንች ጥብስ

kentang goreng

ፒዛ

pizza

ዳቦ ዉስጥ በስሱ ተጠብሶ የገባ ስጋ

hamburger

ሳንድዊች

sandwich

ጥሬ ስጋ

sayatan

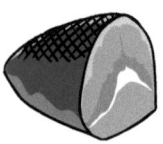

የአሳማ ስጋ

ham

በቅመምና በጨዉ የታሸ ምግብ
ቀዝቅዞ የሚበላ ሾርባ ምግብ

salami

ቋሊማ

sosis

ዶሮ

ayam

ጥብስ

menggoreng

አሳ

ikan

የአጃ ገንፎ
bubur gandum

ከወተት ጋር ተደባልቀዉ የሚበሉ
ምግቦች
sereal

የበቆሎ ቅርፊት
cornflakes

ዱቄት
tepung

ኩራሳ
croissant

ድብልብል ዳቦ
roti

ዳቦ
roti

መጥበስ
toast

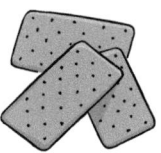

ብስኩት
biskuit

ቅቤ
mentega

እርጎ
dadih

ኬክ
kue

እንቁላል
telur

እንቁላል ጥብስ
telur goreng

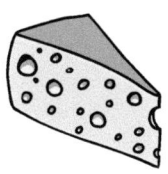

አይብ
keju

የበረዶ ክሬም

eskrim

ስኳር

gula

ማር

madu

ማርማላት

selai

የተናጠ የወተት ክሬም

krim nugat

ማጣፈጫ

kare

የገበሬ ቤት
rumah peternakan

የጭድ ክምር
bale jemari

የእህልና የከብት ማቀመጫ ቤት
lumbung

ሜዳ
lapangan

ፈረስ
kuda

ተሳቢ መኪና
kereta gandeng

የፈረስ ዉርንጭላ
anak kuda

የእርሻ መኪና
traktor

አህያ
keledai

የበግ ጠቦት
domba

በግ
domba

ፍየል
....
kambing

ላም
....
sapi

ጥጃ
....
betis

አሳማ
....
babi

ግልገል አሳማ
....
celeng

ኮርማ
....
banteng

ዝይ

angsa

ዳክዬ

bebek

የዶሮ ጫጩት

anak ayam

ዶሮ

ayam

አዉራ ዶሮ

ayam jantan

አይጥ

tikus

ደድመት

kucing

አይጥ

tikus

በሬ

lembu

ዉሻ

anjing

የዉሻ ቤት

rumah anjing

የአትክልት ቦታ

selang

ዉሃ ማጠጫ ባልዲ

penyiram

ረጅም ማጭድ

sabit

ማረሻ

bajak

ማጭድ

sabit

መኮትኮቻ

cangkul

የእህል መንሽ

garpu rumput

መጥረቢያ

kapak

ኩርኩር/ የእጅ ጋሪ

gerobak

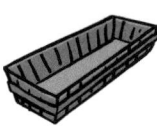

ገንዳ

palung

የወተት ዕቃ

kaleng susu

ጆንያ ከረጢት

karung

አጥር

pagar

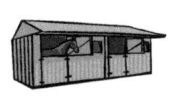

የፈረስ ጋጣ

kandang

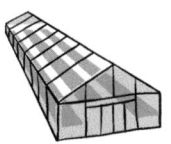

ዕፅዋት ማሳደጊያ የመስታዉት ቤት

rumah kaca

አፈር

tanah

ዘር

benih

የመሬት ማዳበሪያ

pupuk

ጥምር ማረሻ

mesin pemanen

አዝመራ መሰብሰብ

panen

አዝመራ

panen

ድንች

yams

ስንዴ

gandum

ሶያ

kedelai

ድንች

kentang

በቆሎ

jagung

የከብት መኖ

lobak

የፍሬ ዛፍ

pohon buah

የካሳቫ ዛፍ

singkong

እህል

sereal

ቤት

rumah

የጪስ ማውጫ
cerobong
atap
pipa talang
መስኮት
jendela
ጋራዥ
garasi
የበር ደወል
bel pintu
በር
pintu
የቆሻሻ ማጠራቀሚያ
sampah
ፖስታ ሳጥን
kotak surat
የአትክልት ቦታ
kebun

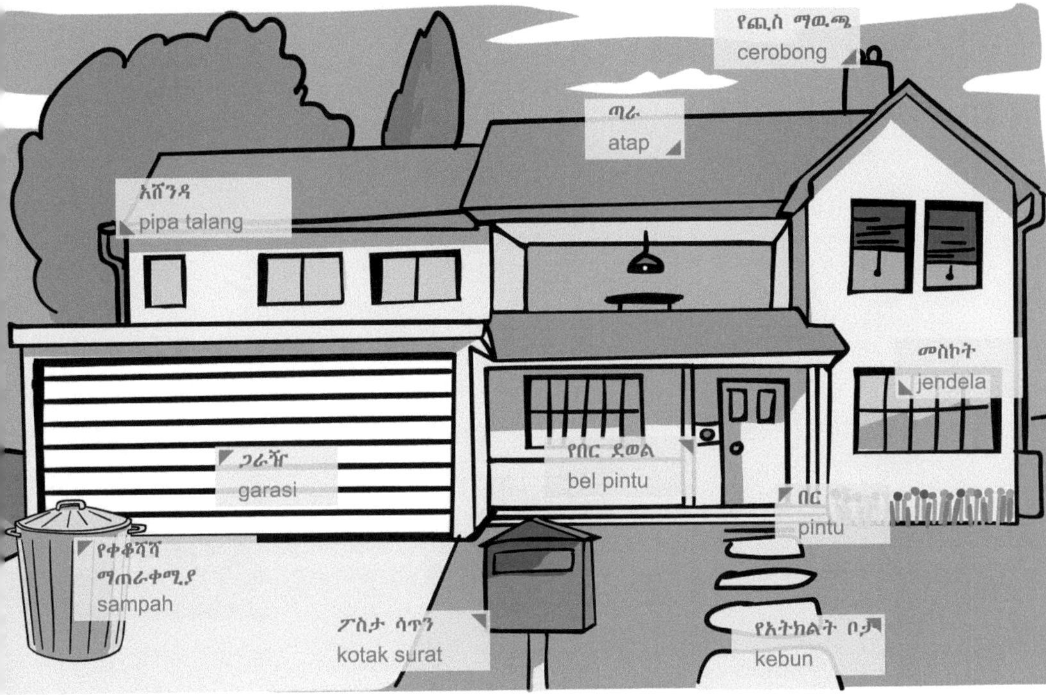

ሳሎን

ruang tamu

መታጠቢያ ቤት

kamar mandi

ማድቤት

dapur

መኝታ ቤት

kamar tidur

የልጅ ክፍል

kamar anak

መመገቢያ ክፍል

kamar makan

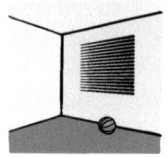

ወለል

lantai

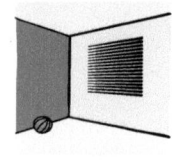

ግድግዳ

tembok

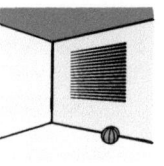

ጣሪያ

atap

ምድር ቤት

gudang di bawah tanah

በእንፋሎት ሙቀት መታጠቢያ ቤት

sauna

ሰገነት

balkon

ከፍ ያለ መደብ

teras

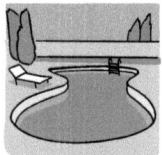

የመዋኛ ገንዳ

kolam renang

የማጨጃ መኪና

mesin pemotong rumput

አንሶላ

sprei

የአልጋ ልብስ

selimut

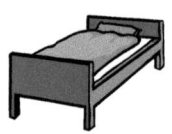

አልጋ

tempat tidur

መጥረጊያ

sapu

ባልዲ

ember

ማብሪያና ማጥፊያ

tombol

ruang tamu

የግድግዳ ወረቀት
kertas dinding
ፎቶ
gambar
መብራት
lampu
መደርደሪያ
rak
ቁም ሳጥን፣ ካቢኔ
kabinet
televisi
የእሳት መሞቂያ
perapian
አበባ
bunga
ትራስ
bantal
ሶፋ
sofa
የአበባ ማስቀመጫ
vas
ሪሞት ኮንትሮል
remote control

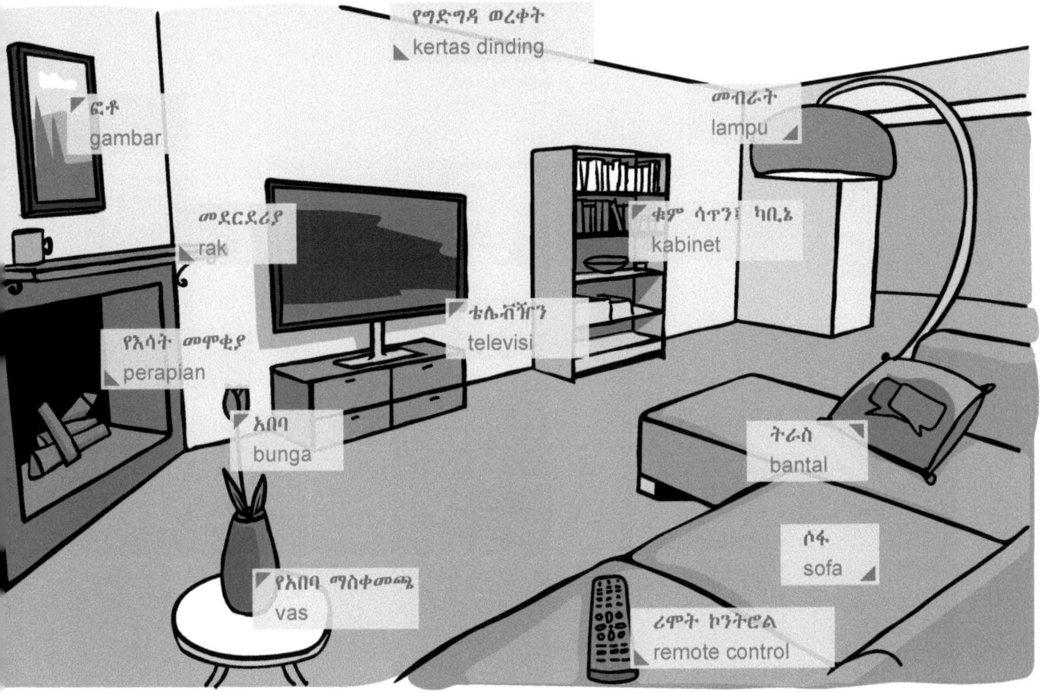

ንጣፍ

karpet

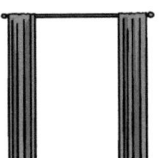

መጋረጃ

korden

ጠረጴዛ

meja

ወንበር

kursi

ተወዛዋዥ ወንበር

kursi goyang

ባለመደገፊያ ወንበር

kursi malas

መጽሐፍ

buku

ብርድ ልብስ

selimut

ጌጥ

dekorasi

ማገዶ

kayu bakar

ፊልም

filem

የሙዚቃ መጫወቻ

hi-fi

ቁልፍ

kunci

ጋዜጣ

koran

ስዕል

lukisan

የተለጠፈ ማስታወቂያ እንደ ስዕል

poster

ራዲዮ

radio

ማስታወሻ ደብተር

buku tulis

የአየር ማፅጃ ለምንጣፍ

penyedot debu

ቁልቋል

kaktus

ሻማ

lilin

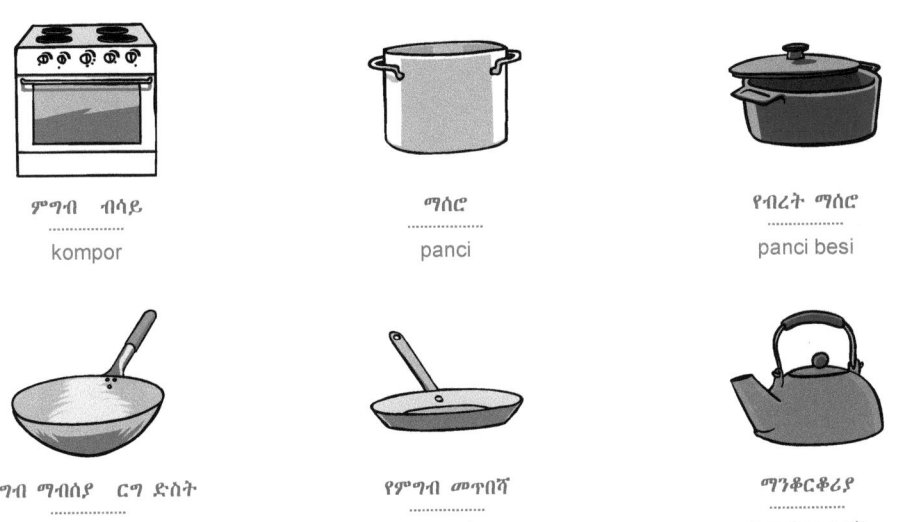

ማድቤት

dapur

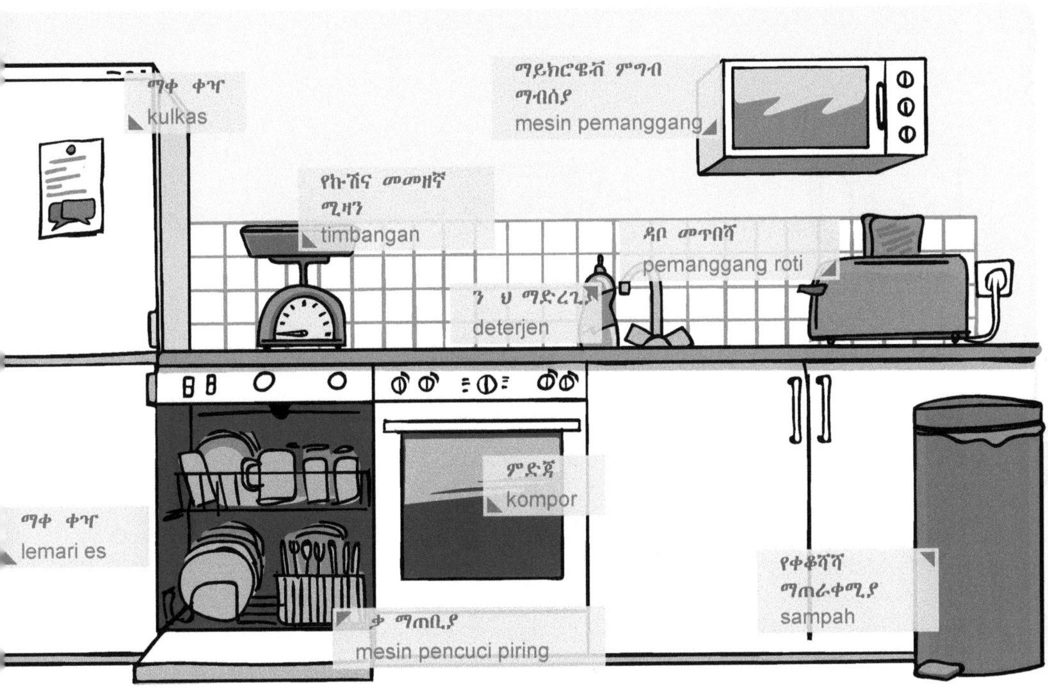
ማቀ ቀዣ
kulkas
ማይክሮዌቭ ምግብ
ማብሰያ
mesin pemanggang
የኩሽና መመዘኛ
ሚዛን
timbangan
ዳቦ መጥበሻ
pemanggang roti
ን ህ ማድረጊ
deterjen
ምድጃ
kompor
ማቀ ቀዣ
lemari es
የቀቆሻሻ
ማጠራቀሚያ
sampah
ቃ ማጠቢያ
mesin pencuci piring

ምግብ ብሳይ

kompor

ማሰሮ

panci

የብረት ማሰሮ

panci besi

ምግብ ማብሰያ ርግ ድስት

wajan

የምግብ መጥበሻ

panci

ማንቆርቆሪያ

pemanas air

የእንፋሎት ማብሰያ

panci pengukus makanan

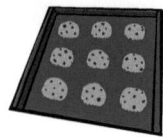

የመጋገሪያ ትሪ

nampan

ሰብስቦች

piring

ትልቅ ኩባያ

cangkir

ጎድጓዳ ሳህን

mangkok

ቾፕስቲክስ

sumpit

ጭልፋ

sendok sup

መሰቅሰቂያ ዝርግ ማንኪያ

sudip

ማደባለቂያ

mengocok

መወጠሪያ

saringan

ወንፊት

saringan

መፈርፈሪያ መሳሪያ

parutan

ሲሚንቶ

mortir

የፍም ጥብስ

barbeque

የተለቀቀ እሳት

api terbuka

መክተፊያ

papan memotong

ተንሸራታች መርፌ

gilingan

የጠርሙስ መክፈቻ

alat pembuka botol

ጣሳ

kaleng

የጣሳ መክፈቻ

pembuka kaleng

የማሰሮ መሸፈኛ

pegangan panci

ሳህን ማጠቢያ

wastafel

ብሩሽ

sikat

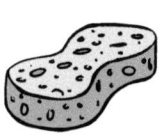

ስፖንጅ

busa

መደባለቂያ መሳሪያ

mesin pencampur

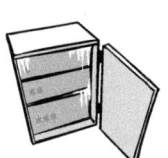

በጣም ማቀዝቀዣ

lemari es

ጡጦ

botol bayi

ቧንቧ

keran

መታጠቢያ ቤት
kamar mandi

ማሞቂያ
mesin pemanas
መታጠቢያ
mandi
ፎጣ
handuk
የመታጠቢያ ቤት መጋረጃ
የአረፋ መታጠቢያ
mandi busa
የመታጠቢያ ገንዳ
bak mandi
ብርጭቆ
gelas
የልብስ ማጠቢያ
mesin cuci
keran
ማዕዘን ወለል
ubin
pispot
ሳህን ማጠቢያ
wastafel

ሽንት ቤት

toilet

የሽንት ቤት መቀመጫ

toilet jongkok

ሳፋ

bidet

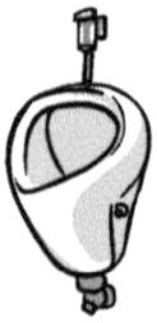

የመንገድ ዳር መሽኛ

pissoir

የሽንት ቤት ወረቀት

kertas toilet

የሽንት ቤት ማፅጃ ብሩሽ

sikat toilet

የጥርስ ብሩሽ

sikat gigi

የጥርስ ሳሙና

pasta gigi

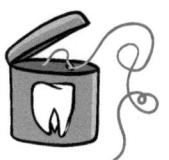

የጥርስ ማፅጃ ክር

benang gigi

መታጠብ

menyuci

የእጅ መታጠቢያ

pancuran tangan

መታጠቢያ

pancuran

ጎድጓዳ ሳህን

bak

የጀርባ ብሩሽ

sikat punggung

ሳሙና

sabun

መታጠቢያ የሚዝለገለግ ሳሙና

gel mandi

የፀጉር መታጠቢያ ሳሙና

sampo

ለስላሳ ጨርቅ

planel

ፍሳሽ

kuras

ክሬም

krim

ጠረን መቀየሪያ ንጥረ ነገር

deodoran

መስታወት
....
kaca

የእጅ መስታወት
....
cermin tangan

ምላጭ
....
pisau cukur

የመላጫ አረፋ
....
busa cukur

ከመላጨት በኋላ የሚቀባ ሽቱ
....
aftershave

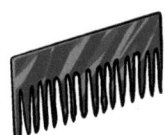

ማበጠሪያ
....
sisir

ብሩሽ
....
sikat

የፀጉር ማድረቂያ
....
alat pengering rambut

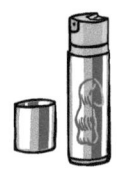

በፀጉር ላይ የሚነፋ
....
semprot rambut

የፊት መቀባቢያ
....
makeup

የከንፈር ቀለም
....
lipstik

የጥፍር ቀለም
....
cat kuku

የጥጥ ሱፍ
....
kapas

ጥፍር መቁረጫ
....
gunting kuku

ሽቶ
....
minyak wangi

ማጠቢያ ባልዲ

....

kantong pencuci

መቀመጫ

....

bangku

ሚዛን

....

timbangan

የመታጠቢያ ልብስ

....

mantel mandi

የላስቲክ ጓንት

....

sarung tangan karet

ሞዴስ

....

tampon

የፅዳት ፎጣ

....

handuk pembalut

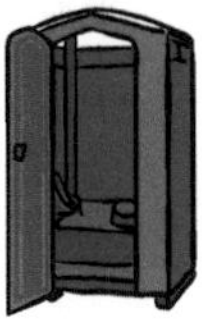

የሽንት ቤት ኬሚካል

....

toilet kimia

የልጅ ክፍል

kamar anak

jam alarm
የህፃን አሻንጉሊት
boneka tidur
የመጫወቻ መኪና
mobil-mobilan
ማንገጫገጫ
መጫወቻ
kelintung
የአሻንጉሊት ቤት
rumah boneka
ስጦታ
kado

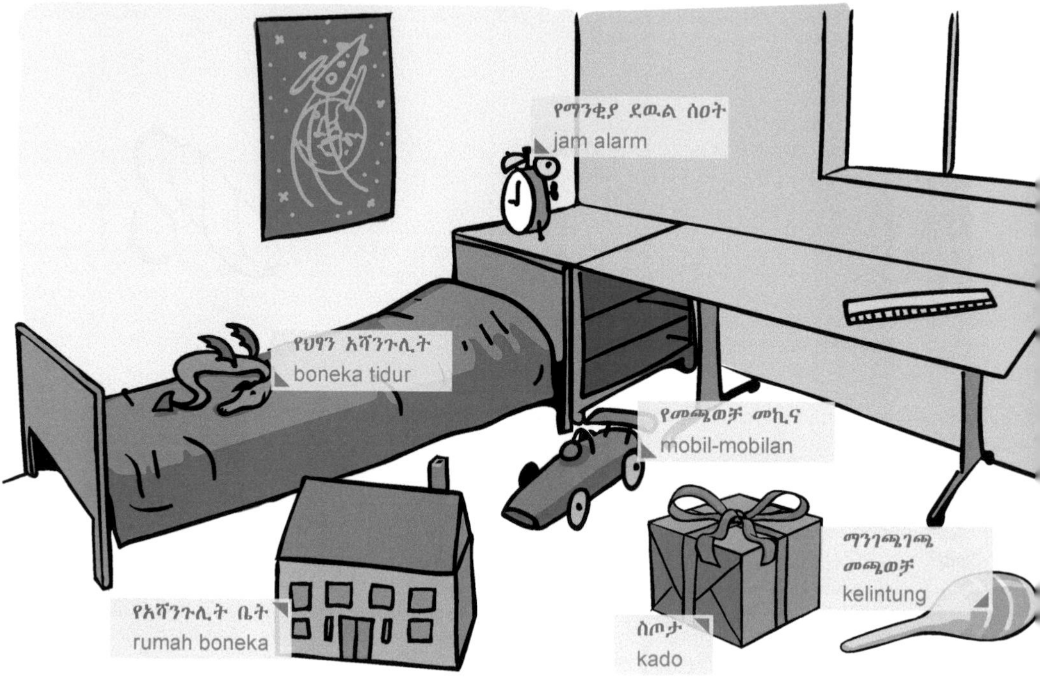

ፊኛ

balon

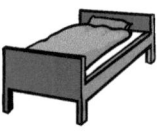

አልጋ

tempat tidur

የህፃን ማንሸራሸሪያ ጋሪ

kereta bayi

የካርታ መጫወቻ

mainan kartu

ቁርጥራጭ ምስሎችን የማገጣጠም
እና ምስል የማግኘት ጨዋታ

teka-teki

አዝናኝ

komik

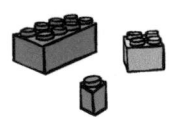

ተገጣጣሚ መጫወቻ

mainan lego

የመጫወቻ መገጣጠሚያዎች

blok mainan

የድርጊት ምስል

figur aksi

የህፃን እድገት

baju monyet

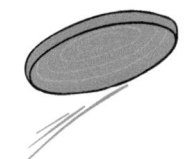

የፕላስቲክ መጫወቻ ዝርግ ሰሀን

frisbee

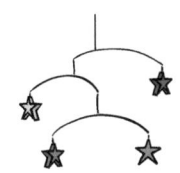

ተወዛዋዥ የህፃን ማጫወቻ

mobile

የሰሌዳ ጨዋታ

permainan papan

የመጫወቻ ጠጠር

dadu

የመጫወቻ ባቡር

set model kreta api

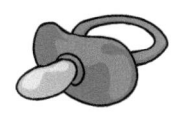

የእንጀራ እናት ጡጦ

dot

ድግስ

pesta

የስዕል መፅሀፍ

buku gambar

ኳስ

bola

አሻንጉሊት

boneka

መጫወት

bermain

የአሸዋ መጫወቻ

tempat main pasir

�ችዋኘዊ

ayunan

መጫወቻዎች

mainan

የቪዲዮ መጫወቻ

video game konsol

ባለ ሶስት ጎማ ብስክሌት

sepeda roda tiga

የአሻንጉሊት ድብ

teddy

ቁምሳጥን

lemari pakaian

አልባሳት

pakaian

ካልሲዎች

kaos kaki

ስቶኪንጎች

kaos kaki

ታይት

baju ketat

የአንገት ልብስ
syal

ግንጥላ
payung

ቀበቶ
sabuk

ክናቴራ
kaos

ቦቲ
sepatu bot

የቤት ዉስጥ ነጠላ ጫማ
sandal

ስኒከሮች
sepatu

ነጠላ ጫማዎች
sandal

ጫማዎች
sepatu

የዝናብ ቡትስ
sepatu bot karet

ሙታንታ
celana dalam

ጡት መያዣ
BH

ሰደርያ
baju rompi

ዉነት

body

ሱሪዎች

celana

ንስ

jeans

ጉርድ ቀሚስ

rok

ሸሚዝ

blus

ሸሚዝ

kemeja

የሚጠለቅ ሹራብ

aket berkerudung

ሹራብ

sweater

ኒፎርም ጃኬት

jaket

ጃኬት

jaket

ኮት

mantel

የዝናብ ኮት

jas hujan

ልብስ

kostum

ቀሚስ

gaun

የሙሽራ ቀሚስ

gaun pengantin

ሱፍ

setelan resmi

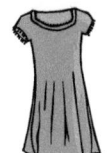

የለሊት ልብስ

gaun tidur

የለሊት ልብስ

piyama

ጅም ቀሚስ

sari

ሒጃብ

jilbab

ምጣም

turban

ቡርቃ

burka

ር

kaftan

አባያ

abaya

የዋና ልብስ

pakaian renang

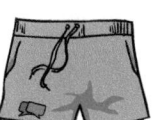

አጭር ቁምጣ

celana renang

ቁምጣ ች

celana pendek

የስራ ቱታ

olah raga

ር

celemek

ንት

sarung tangan

አልባሳት - pakaian

47

ቁልፍ

kancing

መነፅር

kacamata

አምባር

gelang

የአንገት ሀብል

kalung

ቀለበት

cincin

የጆሮ ጌጥ

anting

ኮፍያ

topi

የኮት መስቀያ

gantungan mantel

ኮፍያ

topi

ክረቫት

dasi

ዚፕ

ritsleting

የብረት ቆብ

helm

መደገፊያ

tali selempang

የትምህርት ቤት የደንብ ልብስ

seragam sekolah

የደንብ ልብስ

seragam

መሃረብ
....
oto

የእንጀራ እናት ጡጦ
....
dot

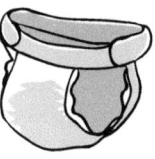

ሽንት ጨርቅ
....
popok

ቢሮ
kantor

ማስራጫ ጣቢያ
server
የፋይል መደርደሪያ ካቢኔ
lemari arsip
የህትመት መሳሪያ
pencetak
ወረቀት
kertas
መቆጣጠሪያ
layar
መፃፊያ ጠረጴዛ
meja kerja
ማዉዝ
mouse komputer
ማህደር
tempat pengarsipan
የመፃፊ ቁልፎች
papan tombol
የቆሻሻ ወረቀት መጣያ ቅርጫት
tempat sampah
ኮምፒዉተር
computer
ወንበር
kursi

የቡና መጠጫ ትልቅ ኩባያ
....
cangkir kopi

ማስልያ ማሽን
....
kalkulator

ኢንተርኔት
....
internet

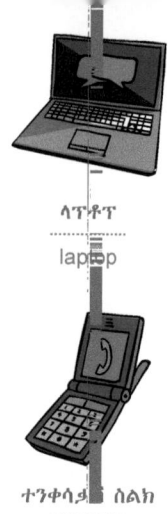

ላፕቶፕ
laptop

ደብዳቤ
surat

መልዕክት
pesan

ተንቀሳቃሽ ስልክ
telepon seluler

የግንኙነት አዉታር
jaringan

ማባዣ ማሽን
fotokopi

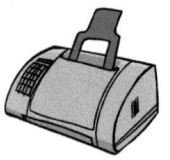

ሶፍትዌር
software

ስልክ
telepon

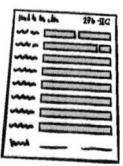

የግድግዳ ሶኬት
plug soket

የፋክስ ማሽን
mesin fax

ቅፅ
formulir

ሰነድ
dokumen

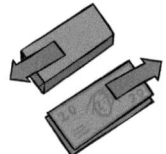

መግዛት

....

membeli

መ ፈል

....

membayar

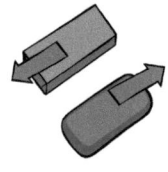

መ ገድ

....

berdagang

ገ ዘብ

....

uang

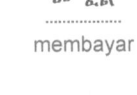

ዶላር

....

Dollar

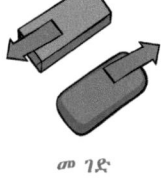

ዩሮ

....

Euro

....

Yen

ብል

....

Rubel

ዊዝ ፍራ

....

Franc Swiss

ሚ ቢ ዩዋ

....

Renminbi Yuan

ጺ

....

Rupiah

ገ ዘብ ጥብ

....

ATM

የዉጭ ገንዘብ ምንዛሪ ቢሮ

kantor pertukaran mata uang

ወርቅ

emas

ብር

perak

ዘይት

minyak

ሀይል፤ ጉልበት

energi

ዋጋ

harga

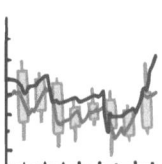

ግንኙነት

kontrak

ቀረጥ

pajak

አክስዮን

saham

መስራት

bekerja

ተቀጣሪ

karyawan

ቀጣሪ

majikan

ፋብሪካ

pabrik

ሱቅ

toko

የስራ ሙያዎች
pekerjaan

የፖሊስ አዛዥ
petugas polisi
የእሳት አደጋ ሰራተኛ
pemadam kebakaran
ምግብ አብሳይ
pemasak
ዶክተር
dokter
አብራሪ
pilot

አትክልተኛ

tukan kebun

አናጢ

tukang kayu

ልብስ ሰፊ ሴት

penjahit wanita

ዳኛ

hakim

ቀማሚ

ahli kimia

ተዋናይ

aktor

የአዉቶቢስ ሹፌር

sopir bis

የታክሲ ሹፌር

sopir taksi

አሳ አጥማጅ

nelayan

ፅዳት ሰራተኛ

pembantu

የጣራ ሰራተኛ

tukang atap

አስተናጋጅ

pelayan

አዳኝ

pemburu

ሰዓሊ

pelukis

ጋጋሪ

tukang roti

የኤሌትሪክ ሰራተኛ

tukang listrik

ገምቢ

pembangun

መሃንዲስ

insinyur

ልኳንዳ

tukang daging

የቧንቧ ሰራተኛ

tukang ledeng

የፖስታ ሰራተኛ

tukang pos

ወታደር

tentara

መሃንዲስ

arsitek

የሒሳብ ሰራተኛ

kasir

አበባ ሻጭ

penjual bunga

የፀጉር ሰራተኛ

penata rambut

ቲኬት ቆራጭ

konduktor

መካኒክ

montir

ካፒቴን

kapten

የጥርስ ሐኪም

dokter gigi

ተመራማሪ

ilmuwan

መምህር

rabbi

የሙስሊም ሃይማኖታዊ መሪ

imam

መነኩሴ

biarawan

ካህን

pendeta

መሳሪያዎች

alat

መዶሻ
palu
መፍቻ
obeng
ተቆላፊ ጉጠት
tang
የመሳሪ መፍቻ
kunci
ባትሪ
obor

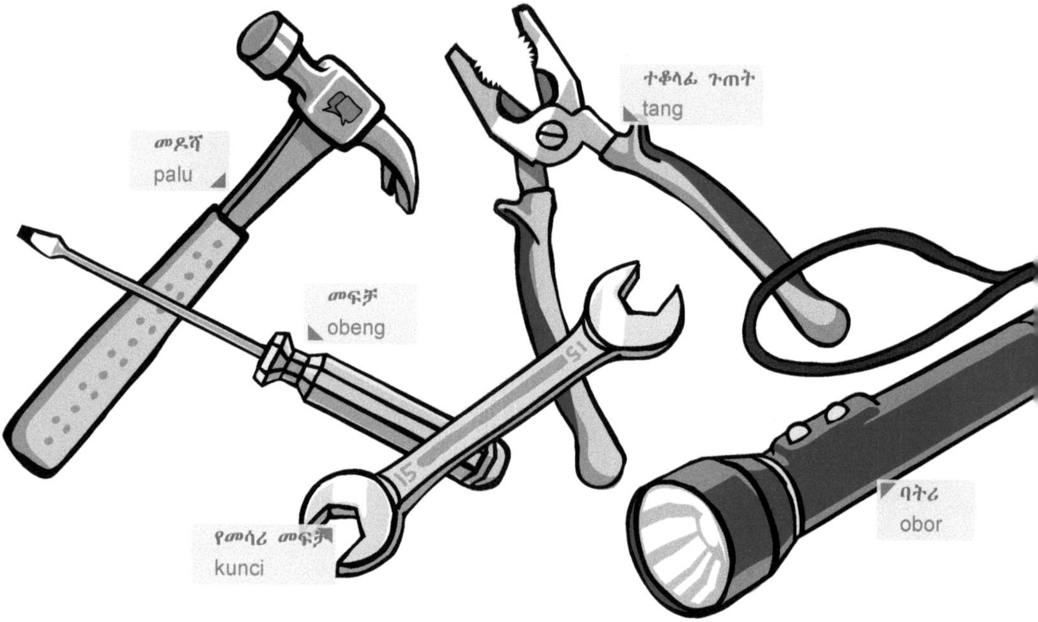

በቁፋሮ የሚዝቅ

penggali

የመፍቻ ሳጥን

tas perkakas

መሰላል

tangga

መጋዝ

gergaji

ምስማር

paku

መሰርሰሪያ

bor

መጠገን

perbaikan

አካፋ

sekop

የተረገመ!

Sialan!

ቆሻሻ ማፈሻ

cikrak

የቀለም ቆርቆሮ

pot cat

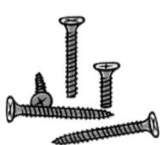

ብሎን

sekrup

የሙዚቃ መሳሪያዎች

alat musik

የድምፅ ማጉያ መሳርያ
pengeras suara
የከበሮ መሳሪያዎች
alat drum
ክራር መሰል የሙዚቃ መሳሪያ
gitar
የትንፋሽ ሙዚቃ መሳሪያ
trompet
ድርብ ቤዝ ጊታር
bas

የሙዚቃ መሳሪያዎች - alat musik 57

ፒያኖ

piano

ቫዮሊን

violin

ወፍራም፣ ጎርናና ድምፅ ያለዉ
ክራር መሰል ሙዚቃ መሳሪያ

bass

ነጋሪት

tambur

ከበሮ

drum

በኤሌክትሪክ የሚሰራ ፒኖ

keyboard

የትንፋሽ ሙዚቃ መሳሪያ

saksofon

ዋሽንት

suling

የድምፅ ማጉያ

mikrofon

የደር እንስሳት ማቆያ
kebun binatang

ነብር
macan
መግቢያ
pintu masuk
ሳጥን
kandang
የሜዳ አህያ
sebra
የእንስሳ ምግብ
pakan ternak
ትልቅ ድብ
panda

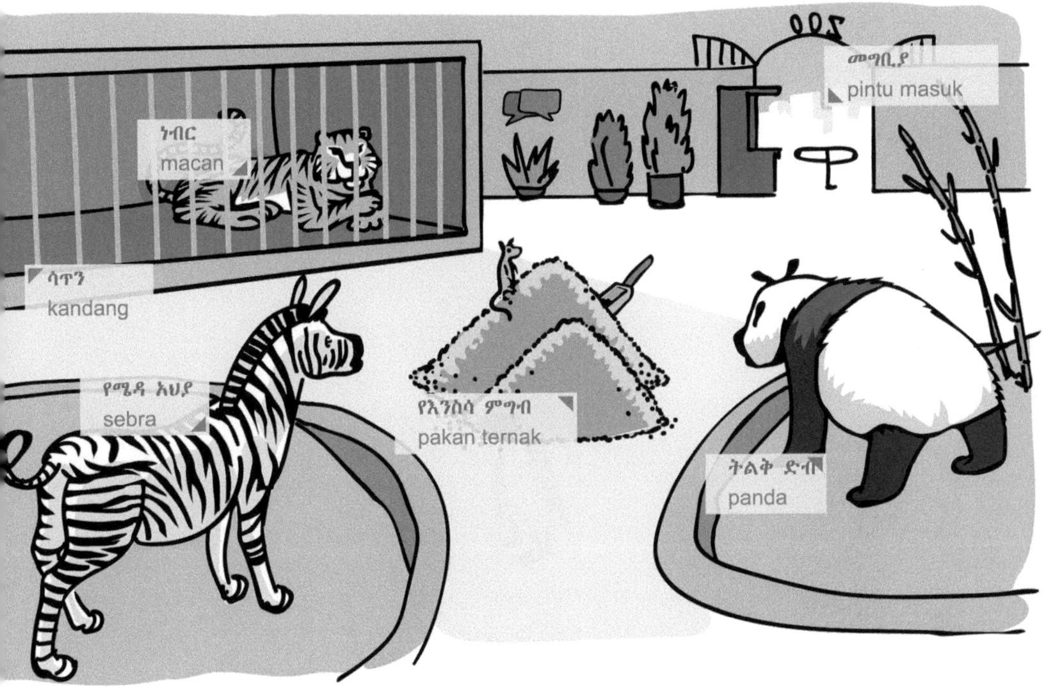

እንስሳቶች

hewan

ዝሆን

gajah

ካንጋሮ

kanguru

አዉራሪስ

badak

ትልቅ ዝንጀሮ

gorila

ድብ

beruang

ግመል

unta

ሰጎን

burung unta

አንበሳ

singa

ጦጣ

monyet

ቅልጥመ ረዥም ወፍ

flamingo

በቀቀን

burung beo

የወዋልታ ድብ

beruang polar

የዋልታ ወፎች

penguin

ረጅም ጥርሶች ያሉትአሳ ነባሪ

hiu

ጣዎስ

merak

እባብ

ular

አዞ

buaya

የዱር አራዊት የሚጠበቁበት ማቆያን የሚጠብቅ

penjaga kebun binatang

አሳ በሊታ የባህር እንስሳ

segel

የዱር ድመት

jaguar

ድንክ ፈረስ

....

kuda poni

ነብር

....

macan tutul

ጉማሬ

....

kuda nil

ቀጭኔ

....

jerapah

ንስር

....

burung elang

ከርከሮ

....

babi jantan

አሳ

....

ikan

የባህር ኤሊ

....

kura-kura

የባህር አውሬ

....

anjing laut

ቀበሮ

....

rubah

የሜዳ ፍየል፤ ሚዳቋ

....

kijang

የስፖርት አይነቶች

olahraga

የአሜሪካ እግርኳስ
american football
የብስክሌት ስፖርት
naik sepeda
ቴኒስ
tennis
የቅርጫት ኳስ
basketbal
ዋና
bernang
የቡጢ ስፖርት
tinju
የበረዶ ላይ የገና ጨዋታ
hoki es

እግር ኳስ

sepak bola

የላበ ኳስ ጨዋታ

badminton

አትሌቲክስ

atletik

የእጅ ኳስ ስፖርት

bola tangan

የበረዶ መንሸራተት ስፖርት

main ski

ፈረስ ግልቢያ

polo

መሳቅ
ketawa

መዝለል
meloncat

ማቀፍ
memeluk

መራመድ
berjalan

መዘመር
menyanyi

ህልም ማለም
mengimpi

መጸለይ
berdoa

መሳም
mencium

መጻፍ
....
menulis

መሳል
....
melukis

ማሳየት
....
menunjuk

መግፋት
....
mendorong

መስጠት
....
memberikan

መዉሰድ
....
mengambil

መያዝ
mempunyai

ማድረግ
melakukan

መሆን
adalah

መቆም
berdiri

መሮጥ
berlari

መሳብ
menarik

መወርወር
melempar

መዉደቅ
jatuh

መዋሸት
tidur

መጠበቅ
menunggu

መሸከም
membawa

መቀመጥ
duduk

መልበስ
berpakaian

መተኛት
tidur

መንቃት
bangun

መመልከት
melihat

ማለልቀስ
menangis

መጫር
mengelus

ማበጠር
menyisir

ማዉራት
berbicara

መረዳት
mengerti

ጥያቄ
menanyak

ማዳመጥ
mendengar

መጠጣት
minum

መብላት
makan

ማንፃት
merapikan

ማፍቀር
cinta

ምግብ ማብሰል
memasak

መንዳት
menyetir

መብረር
terbang

መርከብ መንዳት

berlayar

ቁጥሮችን ማስላት

menghitung

ማንበብ

membaca

መማር

belajar

መስራት

bekerja

ማግባት

menikah

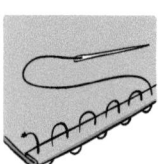

መስፋት

menjahit

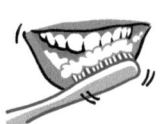

ጥርስ መቦረሽ

sikat gigi

መግደል

membunuh

ማጨስ

merokok

መላክ

kirim

ቤተሰብ

keluarga

የሴት አያት
nenek
የወንድ አያት
kakek
አባት
bapak
እናት
ibu
ህፃን
bayi
ሴት ልጅ
putri
ወንድ ልጅ
putra

እንግዳ

tamu

አክስት

bibi

አጎት

paman

ወንድም

kakak laki

እህት

kakak perempuan

አካል

badan

ግንባር
dahi
አይን
mata
ትከሻ
bahu
ጣት
jari
ፊት
muka
አገጭ
dagu
እጅ
tangan
ጡት
payudara
እግር
kaki
ክንድ
lengan

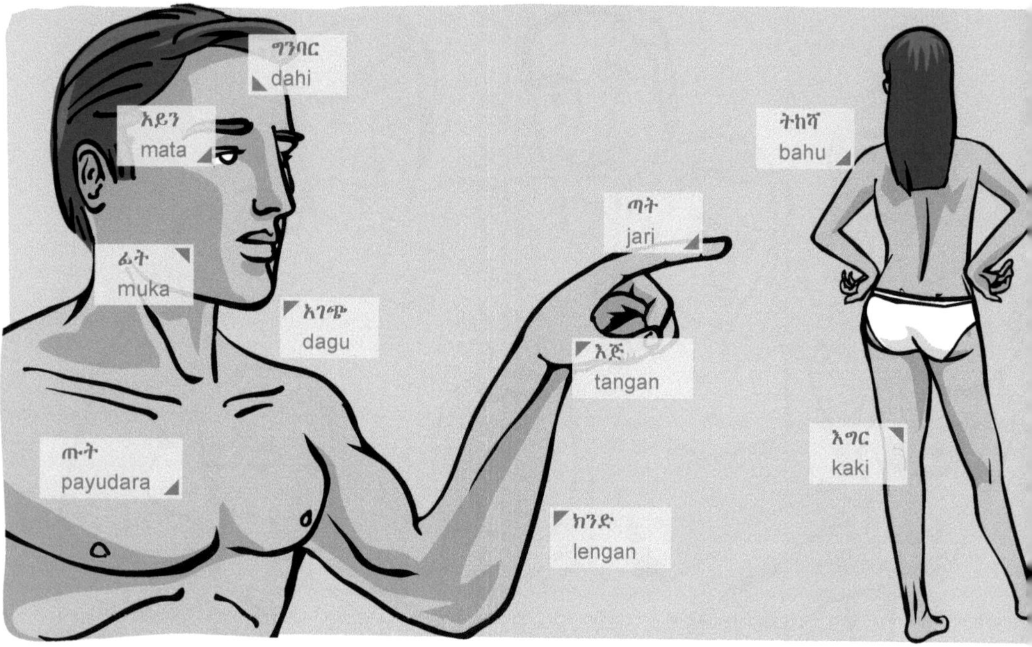

ህፃን

bayi

ሰዉ

pria

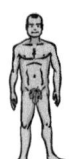

ሴት

wanita

ልጃገረድ

perempuan

ወንድ ልጅ

laki

ራስ

kepala

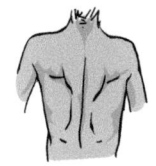

ጀርባ
punggung

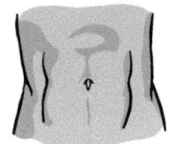

ሆድ
perut

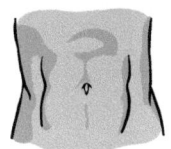

እምብርት
pusar

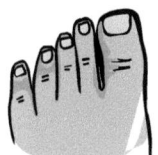

የእግር ጣት
toe

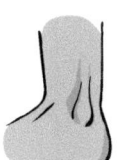

ተረከዝ
tumit

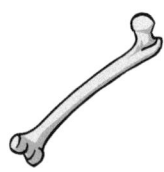

አጥንት
tulang

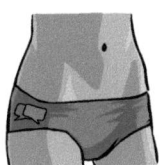

ዳሌ
pinggang

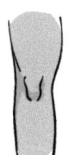

ጉልበት
lutut

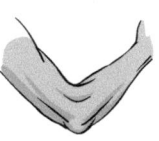

ክርን
siku

አፍንጫ
hidung

ቂጥ
pantat

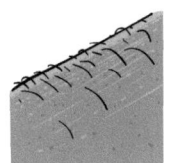

ቆዳ
kulit

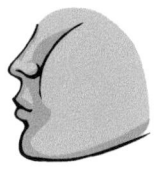

ጉንጭ
pipi

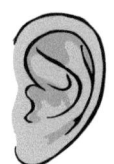

ጆሮ
telinga

ከንፈር
bibir

አፍ

mulut

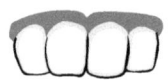

ጥርስ

gigi

ምላስ

lidah

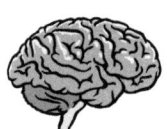

አንጎል

otak

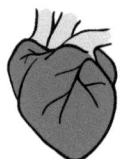

ልብ

jantung

ጡንቻ

otot

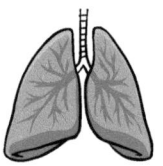

ሳምባ

paru-paru

ጉበት

hati

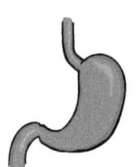

ሆድ

stomach

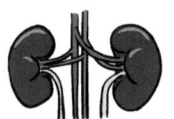

ኩላለ ቶች

ginjal

የግብረስጋ ግንኙነት

hubungan seks

ኮንዶም

kondom

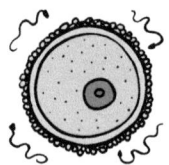

የሴት እንቁላል

sel telur

የዘር ፈሳሽ

sperma

እርግዝና

kehamilan

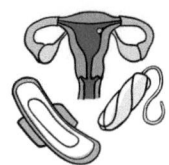

የወር አበባ
menstruasi

እምስ
vagina

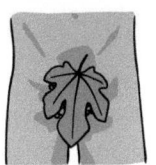

ቁላ
penis

ቅንድብ
alis

ፀጉር
rambut

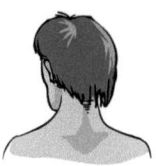

አንገት
leher

ሆስፒታል

rumah sakit

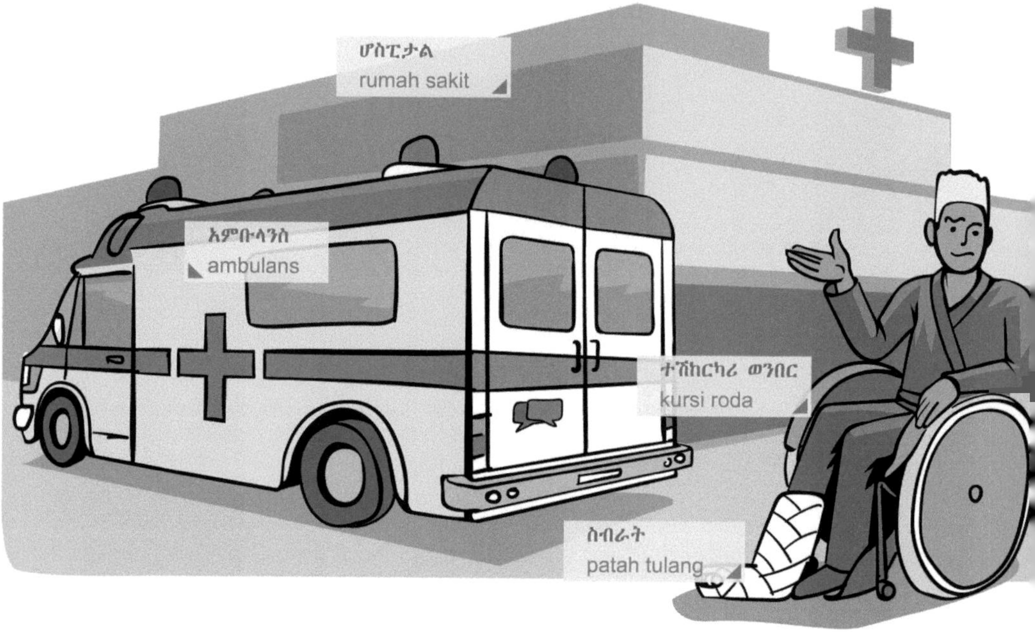

አምቡላንስ
ambulans
ተሽከርካሪ ወንበር
kursi roda
ስብራት
patah tulang

ዶክተር

dokter

ድንገተኛ ክፍል

ruang darurat

ነርስ

perawat

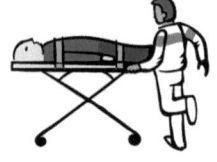

ድንገተኛ

darurat

ራስን መሳት/ አለማወቅ

semaput

ህመም

sakit

ጉዳት
....
cedera

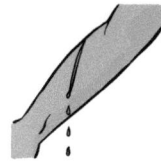

መድማት
....
perdarahan

የልብ ድካም
....
serangan jantung

ስትሮክ
....
stroke

አለርጂ
....
alergi

ሳል
....
batuk

ትኩሳት
....
demam

ኢንፍሎዌንዛ
....
flu

ተቅማጥ
....
diare

የራስ ምታት
....
sakit kepala

ካንሰር
....
kanker

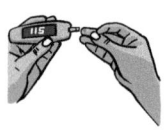

የስኳር በሽታ
....
diabetes

ቀዶ ጠጋኝ ሐኪም
....
ahli bedah

የቀዶ ጥገና ስለት
....
pisau bedah

ቀዶ ጥገና
....
operasi

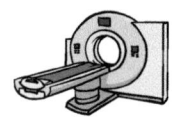

ሲቲ

CT

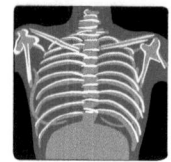

ኤክስሬዩ

sinar x

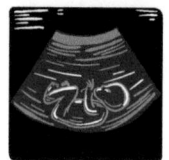

አልትራሳዉንድ

usg

የፊት ጭምብል

topeng

በሽታ

penyakit

መጠበቂያ ክፍል

ruang tunggu

ምርኩዝ

penyokong

የቁስል ማሸጊያ

plester

ፋሻ

perban

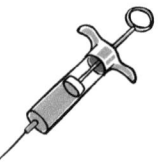

መር

injeksi

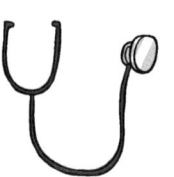

የልብ ምት ማ መጫ መሳሪያ

stetoskop

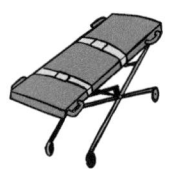

የበሽተኛ አልጋ

usungan

የህክምና ሙቀት መለኪያ መሳሪያ

termometer klinis

መውለድ

kelahiran

ከልክ ያለፈ ክብደት

kelebihan berat badan

ነመስማት የሚረዳ መሳሪያ

alat pendengar

ፀረ ተባይ መድሀኒት

desinfektan

ማመርቀዝ

infeksi

ቫይረስ

virus

ኤች አይቪ ኤድስ

HIV / AIDS

ህክምና

obat

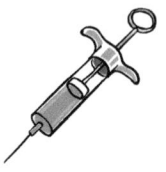

ክትባት

vaksinasi

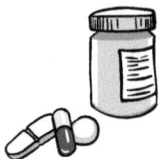

ኪኒን

tablet

ኪኒን

pil

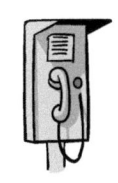

አስቸኳይ የስልክ ጥሪ

panggilan darurat

ደም ግፊት መቆጣጠሪያ

ukur tekanan darah

ህመም/ ጤንነት

sakit / sehat

ድንገተኛ

darurat

እርዳታ!

Tolong!

ማንቂያ ደዉል

alarm

ጥቃት

penyerbuan

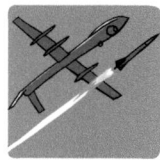

ድብደባ

serangan

አደጋ

bahaya

የድንገተኛ መዉጫ

pintu darurat

እ ት!

Api!

እ ት ማጥ ያ

alat pemadam kebakaran

አደጋ

kecelakaan

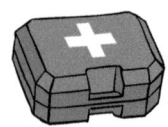

የመጀመሪያ እርዳታ መድሃኒት መያዣ

kit pertolongan pertama

ነፍስ አድን

SOS

ፖሊስ

polisi

አዉሮፓ

Eropa

ሰሜን አሜሪካ

Amerika Utara

ደቡብ አሜሪካ

Amerika Selatan

አፍሪካ

Afrika

እስያ

Asia

አዉስ ራሊያ

Australi

አ ላንቲክ

Atlantik

ፓስፊክ

Pasifik

የህንድ ዉቅያኖስ

Samudra India

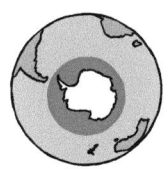

አንታርክቲክ ዉቅያኖስ

Samudra Antartika

አርክቲክ ዉቅያኖስ

Samudra Arktik

ሰሜን ዋልታ

kutub utara

ደቡብ ዋልታ

kutub selatan

አንታርክቲካ

Antarktika

ምድር

bumi

መሬት

tanah

ባህር

laut

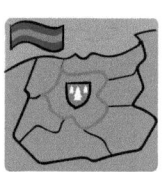

ደሴት

pulau

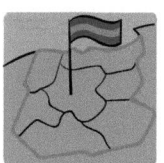

አገርና ህዝብ

bangsa

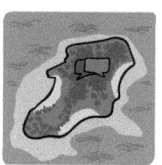

መንግስት

negara

ሰዓት
jam

የሰዓት ገፅታ

jam wajah

ሰዓት

jarum pendek

ደቂቃ

jarum menit

ሴኮንድ

jarum detik

ስንት ሰዓት ነው?

Jam berapa?

ቀን

hari

ጊዜ

waktu

አሁን

sekarang

የቁጥር ሰዐት

jam digital

ደቂቃ

menit

ሰዓታት

jam

ሳምንት

minggu

MO
TU
W
TH
FR
SA
SO
ሰኞ
Senin
ክሰኞ
Selasa
ቡዕ
Rabu
ሙስ
Kamis
አርብ
Jumat
ቅዳሜ
Sabtu
ሁድ

ላን

kemaren

ሬ

hari ini

ገ

besok

ዳ

pagi

ር

siang

ምሽ

malam

የስራ ና

hari kerja

የዕ ፍ ና

akhir minggu

ዝናብ
hujan
ቀስተ ዳመና
pelangi
ጥጥ የሚመስል አመዳይ
በረዶ
salju
angin
ፀደይ
musim semi
መኸር
musim gugur
በጋ
musim panas
ክረምት
musim dingin

4.APRIL 11°
5.APRIL 4°
6.APRIL 13°
7.APRIL 8°
8.APRIL 10°

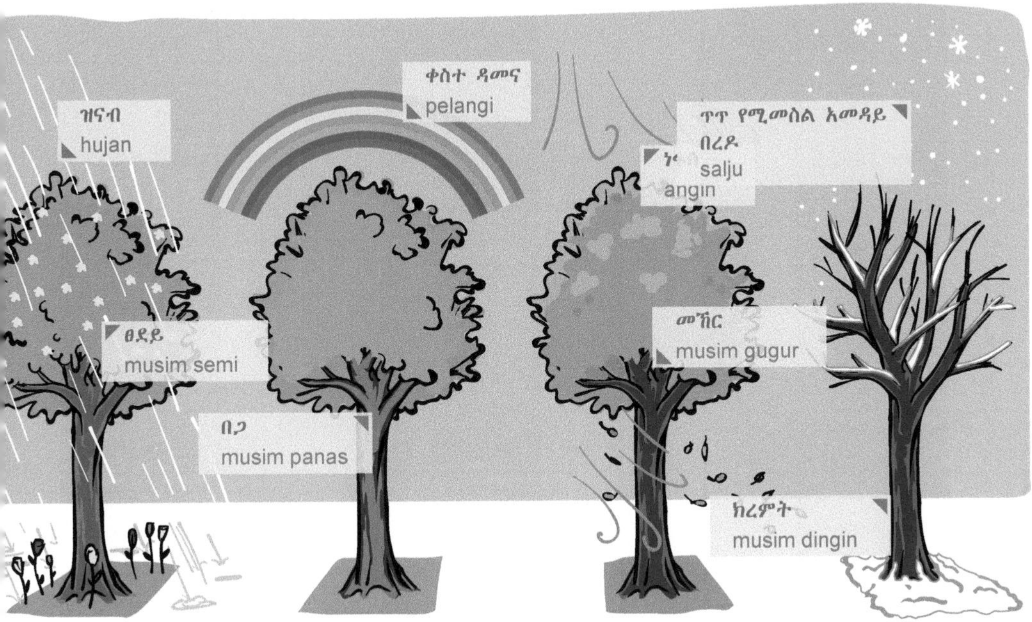

የአየር ሁኔታ ትንበያ

....

ramalan cuaca

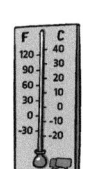

የሙቀት መለኪያ

....

termometer

የፀሀይ ሙቀት

....

matahari

ደመና

....

awan

ጭጋግ

....

kabut

እርጥበታማነት

....

kelembahan

መብረቅ

kilat

ነጎድጓድ

guntur

አዉሎ ንፋስ

badai

የበረዶ ዝናብ

hujan es

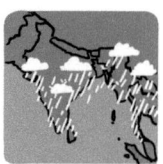

አዉሎ ንፋስ

monsun

ጎርፍ

banjir

በረዶ

es

ጥር

Januari

የካቲት

Februari

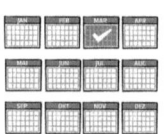

መጋቢት

Maret

ሚያዚያ

April

ግንቦት

Mei

ሰኔ

Juni

ሐምሌ

Juli

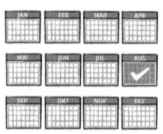

ነሀሴ

Agustus

ዓመት - tahun

መስከረም
....
September

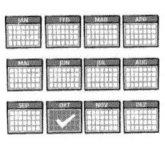

ጥቅምት
....
Oktober

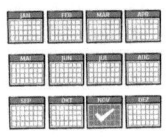

ህዳር
....
November

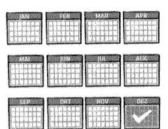

ታህሳስ
....
Desember

ቅርፆች

bentuk

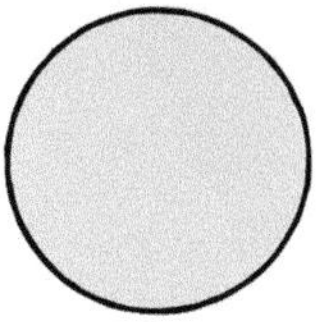

ክብ
....
lingkaran

አራት ማዕዘን
....
persegi

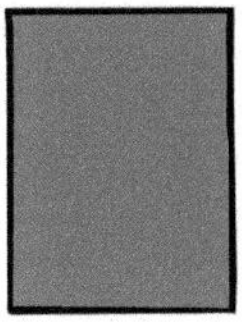

አራት ቀጥተኛ ማዕዘኖች ጎኖች ያሉት ቅርፅ
....
persegi panjang

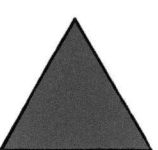

ሶስት ማዕዘን
....
segi tiga

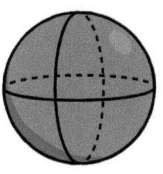

ሉል
....
bola

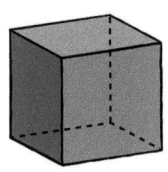

ስድስት ጎን ያለዉ ቅርፅ
....
kubus

ቀለማት

warna-warna

ነጭ

putih

ቢጫ

kuning

ብርቱካናማ

oranye

ሮዝ

pink

ቀይ

merah

ወይን ጠጅ

ungu

ሰማያዊ

biru

አረንጓዴ

hijau

ቡኒ

coklat

ግራጫ

abu-abu

ጥቁር

hitam

ብዙ/ ጥቂት

banyak / sedikit

ንዴት/ እርጋታ

marah / tenang

ቆንጆ/ አስቀያሚ

cantik / jelek

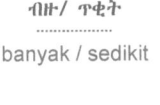

ጅማሬ/ ፍፃሜ

mulaih / selesai

ትልቅ/ ትንሽ

besar / kecil

ደማቅ/ ደብዛዛ

terang / gelap

ወንድም/ እህት

udara laki-laki / saudara perempuan

ንፁህ/ ቆሻሻ

bersih / kotor

የተሟላ/ ያልተሟላ

lengkap / tidak lengkap

ቀን/ ምሽት

hari / malam

የሞተ/ ህያዉ

mati / hidup

ሰፊ/ ጠባብ

luas / sempit

የሚበላ/ የማይበላ

dapat dimakan / tidak dapat dimakan

ክፉ/ ደግ

jahat / baik

ደስተኛ/ ድብርተኛ

bersemangat / bosan

ወፍራም/ ቀጭን

gemuk / kurus

መጀመሪያ/ መጨረሻ

pertama / terakhir

ጓደኛ/ ጠላት

teman / musuh

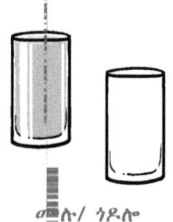

ሙሉ/ ጎዶሎ

penuh / kosong

ጠንካራ/ ለስላሳ

keras / lembut

ከባድ/ ቀላል

berat / enteng

ረሃብ/ ጥማት

lapar / haus

ህመም/ ጤንነት

sakit / sehat

ህገወጥ/ ህጋዊ

ilegal / legal

ጎበዝ/ ደደብ

cerdas / bodoh

ግራ/ ቀኝ

kiri / kanan

ቅርብ/ ሩቅ

dekat / jauh

አዲስ/ አሮጌ
....
baru / bekas

ምንም/ የሆነ ነገር
....
tidak ada apapun / sesuatu

ሽማግሌ/ ወጣት
....
tua / muda

የበራ/ የጠፋ
....
nyala / mati

ክፍት/ ዝግ
....
buka / tutup

ፀጥታ/ ጫጫታ
....
tenang / keras

ሃብታም/ ደሃ
....
kaya / miskin

ትክክለኛ/ የተሳሳተ
....
benar / salah

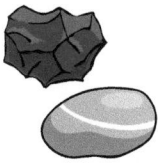

ሻካራ/ ለስላሳ
....
kasar / halus

ሐዘን/ ደስታ
....
sedih / gembira

አጭር/ ረዥም
....
pendek / panjang

ዝግተኛ/ ፈጣን
....
pelan-pelan / cepat

እርጥብ/ ደረቅ
....
basah / kering

ሞቃት/ ቀዝቃዛ
....
hangat / sejuk

ጦርነት/ ሰላም
....
perang / damai

ቁጥሮች

angka-angka

0	1	2
ዜሮ	ንድ	ለት
nol	satu	dua
3	4	5
ስት	ት	ስት
tiga	empat	lima
6	7	8
ስድስት	ሰባት	ስ ንት
enam	tujuh	delapan
9	10	11
ጠኝ	ስ	ስ ንድ
sembilan	sepuluh	sebelas

12

አስራ ሁለት

duabelas

13

አስራ ሶስት

tigabelas

14

አስራ አራት

empatbelas

15

አስራ አምስት

limabelas

16

አስራ ስድስት

enambelas

17

አስራ ሰባት

tujuhbelas

18

አስራ ስስምንት

delapanbelas

19

አስራ ዘጠኝ

sembilanbelas

20

ሃያ

duapuluh

100

መቶ

seratus

1.000

ሽህ

seribu

1.000.000

ሚሊዮን

juta

ቋንቋዎች

bahasa-bahasa

እንግሊዝኛ

Inggris

የአሜሪካ እንግሊዝኛ

bahasa Inggris Amerika

የቻይና ማንዳሪን

bahasa Cina Mandarin

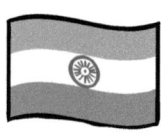

ሂንዱ

bahasa Hindi

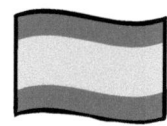

ስፓኒሽ

bahasa Spanyol

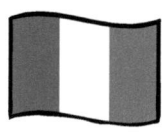

ፍሬንች

bahasa Perancis

አረብኛ

bahasa Arab

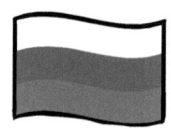

ራሺያኛ

bahasa Rusia

ፖርቱጊዝ

bahasa Portugis

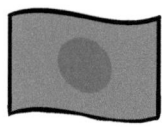

ቤንጋሊ

bahasa Bengal

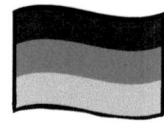

ጀርመን

bahasa Jerman

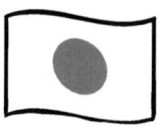

ጃፓንኛ

bahasa Jepang

ማን/ ምን/ እንዴት
siapa / apa / begaimana

እኔ

....

saya

አንተ

....

kamu

እሱ/ እርሷ/ እቃዉ

....

dia

እኛ

....

kita

አንተ

....

kalian

እነርሱ

....

mereka

ማን?

....

siapa?

ምን?

....

apa?

እንዴት?

....

begaimana?

የት?

....

dimana?

መቼ?

....

kapan?

HELLO, I AM

ስም

....

nama

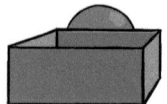

የት

dimana

በስተጀርባ

dibelakang

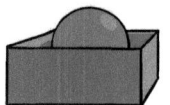

ዉስጥ

di

ከፊት ለፊት

didepan

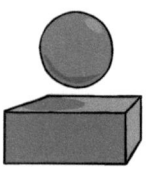

ከላይ

diatas

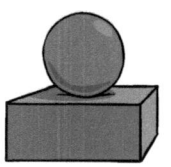

ላይ

diatas

ከስር

dibawah

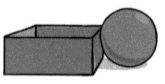

አጠገብ

sebelah

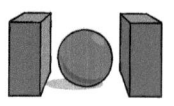

መሃከል

di antara

ቦታ

tempat